I0012999

BEI GRIN MACHT SICH IHR WISSEN BEZAHLT

- Wir veröffentlichen Ihre Hausarbeit,
  Bachelor- und Masterarbeit

- Ihr eigenes eBook und Buch -
  weltweit in allen wichtigen Shops

- Verdienen Sie an jedem Verkauf

**Jetzt bei www.GRIN.com hochladen
und kostenlos publizieren**

Frank Wilkens

Social Network Analysis: Maße der Vernetzung

Von den Anfängen der Datenfernübertragung bis zur qualitativen Identifikation, Kalkulation und B2C Applikation

GRIN Verlag

Bibliografische Information der Deutschen Nationalbibliothek:

Die Deutsche Bibliothek verzeichnet diese Publikation in der Deutschen National-
bibliografie; detaillierte bibliografische Daten sind im Internet über http://dnb.d-
nb.de/ abrufbar.

Impressum:

Copyright © 2011 GRIN Verlag GmbH
Druck und Bindung: Books on Demand GmbH, Norderstedt Germany
ISBN: 978-3-656-63473-7

Dieses Buch bei GRIN:

http://www.grin.com/de/e-book/271313/social-network-analysis-masse-der-vernet-
zung

GRIN - Your knowledge has value

Der GRIN Verlag publiziert seit 1998 wissenschaftliche Arbeiten von Studenten, Hochschullehrern und anderen Akademikern als eBook und gedrucktes Buch. Die Verlagswebsite www.grin.com ist die ideale Plattform zur Veröffentlichung von Hausarbeiten, Abschlussarbeiten, wissenschaftlichen Aufsätzen, Dissertationen und Fachbüchern.

Besuchen Sie uns im Internet:

http://www.grin.com/

http://www.facebook.com/grincom

http://www.twitter.com/grin_com

Frank Wilkens

Social Network Analysis: Maße der Vernetzung

Von den Anfängen der Datenfernübertragung bis zur qualitativen Identifikation,
Kalkulation und B2C Applikation des Maßes der Vernetzung in Social Networks

Abstract

Soziale Netzwerke dienen neben der Kommunikation und dem Kennenlernen neuer Leute oder Orte ebenfalls der Selbstpräsentation. Der User gibt dabei meist unzählige private Details und Informationen preis, die er mit Freunden und diese wiederum mit ihren teilen. Unternehmen erkannten darin im Laufe der Zeit ein signifikant für den B2C-Bereich verwendbares Potenzial. Sie nutzen deshalb Social Network Analysis und diesbezügliche Logarithmen, um mit Hilfe von komplexen Berechnungsmethoden das höchste Maß der Vernetzung innerhalb sozialer Netzwerke und simultan den jeweiligen Lead User identifizieren zu können. Jenes Netzwerk bzw. dessen Lead User machen sich Unternehmen anschließend zunutze, um gezielt Werbebotschaften, einen Produktlaunch oder das Image des Unternehmens zu forcieren.

Hinsichtlich der eruierten Vernetzungen ergeben sich unzählige Variationen, welche wiederum Schlussfolgerungen bezüglich Güte, Relevanz, Bedeutung und Umfeld des Netzwerks erlauben. Dadurch lassen sich praktische Maßnahmen zur strategischen Zielerreichung des Unternehmens ableitenden. Infolgedessen handelt es sich beim Maß der Vernetzung um einen Basiswert zur effizienteren Nutzung von Userpotenzialen und deren Kontakten, um beispielsweise die Gewinnmarge bei vergleichsweise geringem Kosteneinsatz weiter zu optimieren.

Diese Ausarbeitung illustriert die Entstehung jener auf Vernetzungen innerhalb der sozialen Netzwerke basierenden Maße sowie deren Bedeutung für SNA, wie Lead User identifiziert und in strategische Werbemaßnahmen eingebunden werden, welche Erkenntnisse bzw. Vorteile sich dabei für neue Marketingkonzepte ergeben und wodurch sich die angewandten Varianten zur Bestimmung des Maßes der Vernetzung unterscheiden.

Vorwort

In der heutigen Zeit reicht es für wirtschaftlich orientierte Unternehmen nicht mehr aus, lediglich wohlklingende Markennamen zu besitzen und sich darauf zu verlassen, das der Käufer jene mit Qualität gleichsetzt und deshalb diesbezüglich vertriebene Produkte konsumiert. Genügte noch vor wenigen Jahren ein kurzer Kino- oder TV-Werbespot, um z. B. dank einer unwirklich langen Leine weißer Wäsche Kunden dazu zu animieren, die Geschäfte zu stürmen und einen Karton mit roter Schleife zu erwerben, ist dies mittlerweile passé. Durch veränderte Sehgewohnheiten, Unmengen neuer TV-Kanäle und einer Vielzahl von Werbung, welche dem Konsumenten tagtäglich überall begegnet, reicht eine derartige Strategie heute bei weitem nicht mehr aus. Der Konsument denkt und agiert mehr und mehr multimedial, seitdem Internet, Smartphone und Co. seine täglichen Begleiter wurden. Synchron wird die Zeit weniger vor dem Fernseher, denn vielmehr in sozialen Netzwerken verbracht, was durchaus naheliegend den Gedanken beflügelte, dort seitens der Unternehmen Werbung für eigene Marken und Events einzubringen. Damit das Interesse des potenziellen Kunden geweckt und dieser auch langfristig an das Unternehmen gebunden werden kann, müssen dessen Bedürfnisse, Freundschaften, Kultur und noch viele weitere Faktoren berücksichtigt werden. Dazu wird mit Hilfe von SNA und Maßen der Vernetzung das soziale Netzwerk des anvisierten Kundenstammes bezüglich Kontakte, Knoten und Hubs investigativ eruiert und berechnet. Im Ergebnis zeigen sich dann Qualität und Quantität des Netzwerks sowie dessen Informationsgehalt. Basierend auf Interessen und Bedürfnissen der User wird dann dementsprechend Marketing in eigener Sache betrieben. Auf diese Weise entstanden viele neue Formen des Marketings und der unternehmensrelevanten Nutzung sozialer Netzwerke nebst entsprechenden Berechnungen qualifizierter Lead User; gewiss werden zukünftig noch viele weitere folgen. Diese Ausarbeitung zeigt die Entstehung der weltweiten Vernetzung auf, die Bedeutung von sozialem Netzwerk und Internet für moderne Unternehmen sowie verschiedene Varianten zur Berechnung des Maßes der Vernetzung, um qualifizierte und quantifizierte Netzwerke identifizieren und für eine konsumentenorientierte Produktofferte nutzen zu können.

Frank Wilkens

Inhaltsverzeichnis

Abkürzungsverzeichnis

ACV   Average Conversion Value
ADSL   Asymmetrical Digital Subscriber Line
ASCII   American Standard Code for Information Interchange
BC   Betweeness Centrality
BTX   Bildschirmtext
BZT   Bundesamt für Zulassungen in der Telekommunikation
CAPI   Common Application Programming Interface
CC   Closeness Centrality
CCITT   Comité Consultatif International Téléphonique et Télégraphique
CD   Compact Disc
CEN   Comité Européen de Normalisation
CERN   Europäische Organisation für Kernforschung
CI   Centrality Indices
CSMA/CD   Carrier Sense Multiple Access/Collision Detection
DC   Degree Centrality
DENIC   Network Information Center für Deutschland
DHCP   Dynamic Host Configuration Protocol
DMB   Digital Multimedia Broadcasting
DP   Deutsche Post
DSD   Direct Stream Digital
DSL   Digital Subscriber Line
DVD   Digital Versatile Disc
e. D.   Eigene Darstellung
ECMA   European Computer Manufacturers Association
ECP   Extended Capability Port
FTZ   Fernmeldetechnische Zentralamt
HTTP   Hypertext Transfer Protocol
HWMP   Hybrid Wireless Mesh Protocol
ID   Identification
IP   Internet Protocol
ISA   Industry Standard Architecture
ISDN   Integrated Service Digital Network
ISO   International Organization for Standardization

ITU	International Telecommunication Union
LCD	Liquid Crystal Display
LCR	Least Cost Routing
LDAP	Lightweight Directory Access Protocol
LED	Light-Emitting Diode
MMS	Multimedia Messaging Service
MS	Microsoft
NTBA	Network Termination for ISDN Basic rate Access
OEK	Online-Einkäufe
OSI	Open Systems Interconnection Model
p. a.	per anno
PC	Personal Computer
PG	Präsentationsgrafik
SCSI	Small Computer System Interface
SDSL	Symmetrical Digital Subscriber Line
SEA	Search Engine Advertising
SEM	Search Engine Marketing
SEO	Search Engine Optimization
SMS	Short Message Service
SMTP	Simple Mail Transfer Protocol
SNA	Social Network Analysis
SSID	Service Set Identifier
STN	Scientific and Technical Information Network
VC	Volk-Computer
VoIP	Voice over IP
WAP	Wireless Application Protocol
WLAN	Wireless Local Area Network
XML	Extensible Markup Language

Abbildungsverzeichnis

Anhangs-Verzeichnis

Einleitung

Soziale Netzwerke gewinnen im Web 2.0 stetig an Bedeutung und sorgen durch die rasanten Fortschritte in der Informationstechnologie für eine stetig steigende, globale Vernetzungsstruktur zwischen den Nutzern. Dadurch verändern sich synchron Kommunikationsverhalten, Informationsaustausch, Freundschaften und Beziehungen zwischen den Nutzern der betreffenden Netzwerke. Unternehmen interessieren sich daher zunehmend für Wikis, Weblogs oder Online Social Networks, um durch eingehende Analysen Nutzermeinungen und Produkttrends einer möglichst großen Zielgruppe erkennen und somit zielgerichtet auf Marken, Produkte oder Werbekampagnen anwenden oder aufmerksam machen zu können. Ein wichtiges Instrument ist dabei SNA, eine Untersuchungsmethode zur impliziten Messung, Integration und Abbildung aller wesentlichen Vernetzungen zwischen den Akteuren. Durch die Verbreitung der elektronischen Kommunikationswege können diesbezügliche Daten strukturiert und mit geringem Aufwand hergeleitet sowie interpretiert werden, da jene bereits digital vorliegen. Anwendungsgebiete der SNA sind neben Produktentwicklung und Marketing vor allem investigativ konstatierte, strukturell besonders zentral eingebundene Akteure, welche als Lead User klassifiziert werden. Zur Gewährleistung einer zielorientierten Identifikation wurden bezüglich Qualität und Quantifizierung spezielle Vernetzungsmaße entwickelt, welche sich durch deren Ausprägung, Content und Kombination verschiedenster Charakteristika unterscheiden, wodurch wiederum eine Anwendung in jeder vom Unternehmen forcierten Facette ermöglicht wird. Für SNA sind die sich beim ausgewählten Netzwerk ergebenden Werte von großer Bedeutung; gleiches gilt für die Erreichbarkeit der Netzwerkressourcen sowie die Stärke der Verbindungen zwischen Lead Usern und deren direkter und indirekter Kontakte. Gleichzeitig können so Intensität, Interaktion und Wechselseitigkeit innerhalb des Netzwerks analysiert werden. Das Maß der Vernetzung ermittelt auf diese Weise investigativ die Einbindung zentraler Akteure und liefert wichtige Informationen für Marketingentscheidungen des Unternehmens. Doch wie setzt sich im Sinne der SNA das jeweils passende Maß der Vernetzung zusammen? Gibt es neben den sozialen Netzwerken noch weitere Netze, deren Essenzen von Interesse für Unternehmen sein könnten? Existiert ein Maß, das universell einsetzbar ist? Fragen, die nun eingehender eruiert und beantwortet werden sollen.

1. Definitionen

1.1 SNA

Unter SNA ist die implizite Analyse sozialer Netzwerke und deren Relationen auf Basis empirischer Forschungsmethoden zu verstehen[1]. Sie entstand anfang des letzten Jahrhunderts und wurde damals vor allem im Bereich der Psychologie eingesetzt. Für weitere Einsatzmöglichkeiten sorgte die Blockmodellanalyse[2]; als in den neunziger Jahren mit Hilfe von Computern und deren Soft- und Hardware die breite Masse auf globaler Ebene kommunizieren und Informationen austauschen konnte, gewann SNA weiter an Bedeutung[3]. Zu Beginn des neuen Jahrtausends, in welchem die sozialen Netzwerke (Anhang A) in Form von Blogs, Chatrooms oder Facebook mehr und mehr Nutzer an sich binden konnten, wurde SNA schließlich zu einer der wichtigsten Methoden des Marketings in Bereichen wie z.B. Dialogmarketing[4], Guerilla-Marketing[56], SEO[7], SEM[8] oder auch SEA. Analyseverfahren der SNA erlauben es, soziale Netzwerke im Hinblick auf deren Datenbewegung, Informationsgehalt oder Relevanz für ökonomische sowie marktspezifische Betrachtungen quanti- und qualifizierbar zu machen[9]. Zur Berechnung diesbezüglich signifikanter Werte, den sogenannten Maßzahlen, werden unterschiedliche Verfahren eingesetzt. Dazu zählen jene der Zentralität, die sich wiederum in Grad-, Zwischen-, indirekte und direkte, Dichte-, Informationsweitergabe- sowie Gruppenkontakte aufgliedern lassen[10]. Auf diese Weise lassen sich sowohl die Informationsweitergabe, deren Austausch, Erweiterung und Qualität zwischen den Nutzern des betreffenden sozialen Netzwerks (Anhang B), deren Ambitionen, Freundschaftsverflechtungen, Vertrauensverhältnisse, Trenderwartungen, Meinungen sowie diesbezügliche Lead User identifizieren und quantifizieren[11].

[1] Vgl. Huber F. et al (2009) S. 53 f
[2] Vgl. Niederkorn M. (2008) S. 169 f
[3] Vgl. Furth B. (2010) S. 3 ff
[4] Vgl. Kreutzer R. (2009) S. 285 f
[5] Vgl. Huber F. et al (2009) S. 96
[6] Vgl. Levinson J. C. / Lautenslager A. (2009) S. 21 ff
[7] Vgl. Bischopinck Y. / Ceyp M. (2008) S. 60
[8] Vgl. Bischopinck Y. / Ceyp M. (2008) S. 120
[9] Vgl. Niederkorn M. (2008) S. 61
[10] Vgl. Niederkorn M. (2008) S. 65
[11] Vgl. Müller C. (2007) S. 53 ff

Im digitalen Zeitalter wird sich zur Bemessung und Berechnung des Maßes der Vernetzung innerhalb des Netzwerks, einzelner Knoten oder Kontakte einer jeweils dafür geeigneten Software bedient. Beispiele sind Pajek[12], Ucinet, Gephi, Aros oder auch Cassyopeya.

1.2 Modem

Mit einem Modem können Daten vom Computer über das Telefonnetz übertragen werden. Es kann genutzt werden, um Faxe, Dateien sowie E-Mail zu versenden oder das Internet zu nutzen. Das Modem ist ein Gerät, welches digitale, elektrische Signale, die aus einer Folge von Spannungsänderungen bestehen, an der seriellen Schnittstelle eines Computers in analoge elektrische Signale umformt, welche dann wiederum aus einer Folge von Amplituden- oder Frequenzänderungen einer Trägerfrequenz bestehen[13]. Die analogen Signale können über das Telefonnetz übertragen und durch ein Modem auf der Gegenseite wieder in digitale Signale zurückverwandelt werden. Der Begriff Modem lässt sich dabei herleiten aus den beiden Funktionen des Geräts: Modulation und Demodulation von Signalen. Das Modem besitzt zwei unterschiedliche Bauformen. Das interne Modem ist als PC-Steckkarte ausgelegt, in welchem die serielle Schnittstelle[14] bereits integriert ist und keine zusätzliche Spannungsversorgung benötigt, da jene bereits vom PC-Bus[15] bezogen wird. Externe Modems sind separate Geräte, die eine externe Spannungsversorgung benötigen und mit einer seriellen Schnittstelle des Computers verbunden werden. Die externen Modems besitzen Lautsprecher, LED-Kontrolllämpchen[16] oder LCD-Anzeigen[17], welche den Betriebszustand anzeigen. Bei der Einwahl sind aufgrund des Lautsprechers stets jene bizarren Geräusche zu hören, welche die Gegenseite in analoger Form versendet. Ist die Verbindung aufgebaut, verschwinden die Geräusche und die LED-Kontrolllämpchen zeigen an, wie hoch der Pegel des Eingangssignals ist bzw. die Datenübertragungsgeschwindigkeit.

---

[12] Vgl. Nooy W. / Mrvar A. / Batagelj V. (2010) S. 369 f
[13] Vgl. Hanes D. / Salgueiro G. (2008) S. 18
[14] Vgl. Messmer E. / Dembrowski K. (2003) S. 969
[15] Vgl. Klaus R. / Käser H. (1998) S. 12 f
[16] Vgl. Held G. (2008) S. 18
[17] Vgl. Yeh P. / Gu C. (2010) S. 6

1.3 ISDN

Innerhalb des ISDN, dem dienstintegrierenden digitalen Netzwerk, werden alle Telekommunikationsdienste zur Übertragung von Sprache und Daten in einem einheitlichen digitalen Netz vereinigt und durch neue Eigenschaften sowie Leistungsmerkmale ergänzt. Die einzelnen zusammengefassten Telekommunikationsdienste, z. B. Fernsprechdienste, ISDN-Fax, analoges Fax[18] und Datenfernübertragung, werden durch eine Dienstkennung kodiert und den einzelnen, speziellen Endgeräten zugeführt[19]. ISDN ermöglicht neben der höheren Reichweite und besseren Sprachqualität durch die digitale Sprachübertragung eine geringere Störanfälligkeit sowie eine wesentliche Erhöhung der Datentransferrate[20]. Der Basis-Anschluss besitzt zwei Nutz-Kanäle mit einer Datentransferrate von jeweils vierundsechzig Kilobit, welche durch Kanalbündelung eine Datenübertragung von bis zu hundertachtundzwanzig Kilobit ermöglichen[21]. Über einen Steuerkanal mit sechzehn Kilobit erfolgt die Übertragung der Steuerinformationen zum Auf- und Abbau der Verbindung sowie weiterer Informationen, wie z. B. die jeweilige Dienstkennung, Protokolle oder Rufnummern des Gesprächspartners. Zur Gewährleistung des optimalen Datentransfers werden referierte Informationen in einheitlich schematisierte Pakete aufgeteilt und zwischen Sender und Empfänger expediert. Diese jeweils separat übermittelten Pakete enthalten neben dem individuellen Content der Nachricht ebenso eine Signatur zur exakten Zuordnung des betreffenden Datensatzes in Form von Information und ID-Nummer des Senders und Empfängers. Die einzelnen Pakete werden dann beim Empfänger nach Sequenzen segmentiert und wieder miteinander verbunden. Rudimentäre oder durch Abwesenheit glänzende Pakete werden dabei selbsttätig beim Sender nachgefordert, wodurch fragmentierte Datensätze kaum mehr beim Empfänger eintreffen können. In Deutschland basierte das ISDN-Netz anfänglich auf dem D-Kanal-Protokoll 1TR6 von der Telekom und wurde später durch das Euro-DSL abgelöst, welches das europäische Protokoll E-DSS1 im D-Kanal und einem Frequenzbereich von hundertzwanzig Kilohertz nutzt.

---

[18] Vgl. Hanes D. / Salgueiro G. (2008) S. 53 f
[19] Vgl. Geier E. (2008) S. 43 f
[20] Vgl. Kolberg E. et al (2005) S. 230 f
[21] Vgl. Ronneburg F. (2008) S. 526

1.4 DSL

DSL bedeutet digitale Teilnehmer-Verbindung und erlaubt es, Daten digital auf herkömmlichen, zweiadrigen Telefonkupferkabeln mit einer anfänglichen Geschwindigkeit von maximal sechs Megabit pro Sekunde zu übertragen. Die jeweils transferierte Paketgröße entsprach kompakten dreiundfünfzig Byte. Tatsächlich lag die Geschwindigkeit der übermittelten Daten jedoch weit jenseits des prognostizierten Volumens[22], da in ländlichen Gebieten das Netz oftmals nicht entsprechend ausgebaut[23] und in Ballungszentren meist zu viele Nutzer online waren. Sind die Datenraten bei Upload und Download gleich, handelt es sich um ein symmetrisches DSL, sonst um ein asymmetrisches DSL[24][25]. In den Anfängen des DSL lag die Übertragungsgeschwindigkeit[26] laut dem damals einzigen Anbieter Telekom bei hundertachtundzwanzig Kilobit pro Sekunde im Upload und bei siebenhundertachtundsechzig Kilobit pro Sekunde im Download. Realistisch war jedoch eher mit der Hälfte der Geschwindigkeiten zu rechnen. Im Vergleich zu ISDN werden die hohen Datenraten dadurch erreicht, das DSL mit einem Frequenzbereich von eins Komma eins Megahertz arbeitet. Da beide Datenströme einen eigenen Frequenzbereich haben, können sie dennoch parallel auf der gleichen Telefonleitung übertragen werden. Der als Frequenzweiche an der Telefondose des Nutzers agierende DSL-Splitter trennt das ankommende, kombinierte Signal in separate DSL und ISDN-Datenströme und leitet sie an die entsprechenden Endgeräte weiter[27]. Dies wären beispielsweise das DSL-Modem oder der ISDN-NTBA-Adapter[28]. Der heimische PC musste zum Empfang von DSL zusätzlich mit einer Netzwerkkarte nachgerüstet werden, wodurch VOIP[29], quasi einer Art Vorstufe zum heute gängigen, 2003 seitens MS entwickelten SKYPE[30] sowie die modernen WLAN-Funknetzwerke[31] mit HWMP-Standard IEEE-802.11[32] ermöglicht wurden[33].

---

[22] Vgl. onlinekosten.de vom 09.05.2007
[23] Vgl. welt.de vom 06.03.2008
[24] Vgl. teltarif.de vom 17.10.2009
[25] Vgl. vodafone.de vom 18.12.2010
[26] Vgl. Larisch D. (2005) S. 254
[27] Vgl. Ronneburg F. (2008) S. 517 f
[28] Vgl. Frey H. (2006) S. 61
[29] Vgl. bundesnetzagentur.de vom 16.01.2011
[30] Vgl. Abdulezer L. et al (2007) S. 227 ff
[31] Vgl. Geier E. (2008) S. 193 f
[32] Vgl. Yiao Y. / Pan Y. (2009) S. 65 ff
[33] Vgl. Larisch D. (2005) S. 63

Da in der Anfangszeit lediglich die Telekom DSL anbot, konnte sie die Preise frei gestalten, weshalb sich DSL auch erst nach und nach durchsetzen konnte. Zum einen, weil der Ausbau der Netze sich als recht langwierig gestaltete und zum anderen, weil das neue DSL einfach viel zu teuer für Heim-Anwender war. Beispielsweise kostete im Dezember des Jahres Zweitausend bei der Telekom der Basis-Anschluss zum Empfang von DSL inklusive Geräte ca. einhundert D-Mark, zuzüglich neunundvierzig D-Mark für die Flatrate und monatlicher Telefonverbindungskosten, für die es noch keine Flatrate gab; für höhere Geschwindigkeiten schlugen abermals zusätzliche Beiträge zu Buche. Alles in allem war eine DSL-Verbindung somit kaum von Wert für jene, welche lediglich Online-Banking betreiben oder ab und an im Internet surfen wollten. Die DSL-Nutzungsentgelte fielen erst, als durch Gesetzesänderungen der Markt liberalisiert wurde und weitere Anbieter auf den Plan traten. Dadurch wurde DSL schließlich sukzessiv der Weg geebnet und der schnellen Datenübertragung, wie sie heute allgemein bekannt ist, Tür und Tor für jedermann geöffnet.

1.5 ISO

Die ISO wurde nach dem zweiten Weltkrieg mit dem Ziel gegründet, die Normung innerhalb internationaler Rahmen im umfassenden Sinne zu fördern. Der ISO gehören nationale Normenorganisationen aus mehr als neunzig Ländern an, beispielsweise das Deutsche Institut für Normung[34]. Der europäische Ableger der ISO ist das CEN[35]. Im Rahmen der Datenverarbeitung wurden durch die ISO eine Vielzahl von Einzelnormen sowie weiterführende Normenkataloge erarbeitet. Durch normierte Referenzmodelle, wie beispielsweise das OSI-Schichtenmodell[36], wurde ein wesentlicher Beitrag zur Entwicklung jener in der moderne eingesetzten Soft- und Hardware geleistet. Entsprechend den Statuten der ISO wurde der internationale Standard für Datenaufzeichnungen auf CD-Rom, DVD oder Blue Ray Discs[37] in der ISO 9660[38] festgelegt, welche das ECMA-119-Dateisystem beinhaltet[39]. Dieses System ist kompatibel zu verschiedenen Betriebssystemen, wie Mac, MS oder Linux.

---

[34] Vgl. Mohr C. / Koch H. (1976) S. 135 f
[35] Vgl. Mohr C. / Koch H. (1976) S. 9
[36] Vgl. Larisch D. (2005) S. 57
[37] Vgl. Gautzsch S. (2010) S. 29
[38] Vgl. Khurshudov A. (2001) S. 168
[39] Vgl. Rock A. (2001) S. 32

2. Die Ära des globalen Informationsverkehrs

2.1 Wie Funkfernschreiber den Datenaustausch reformierten

Der Informationstransfer via Datenfernübertragung[40] war zu Beginn des letzten Jahrhunderts noch sehr kompliziert, zeit- und kostenaufwendig. Um große Distanzen überbrücken zu können, wurden mit Hilfe der elektromagnetischen Telegrafie[41] separate Morsezeichen[42] zwischen Sender und Empfänger übertragen[43]. Eine derart parabolisierte Nachricht wurde als Telegramm bezeichnet, wobei Zeichen analog via Telegrafenleitungen sowie später per Funkentelegrafie und dank des Fernschreibers[44] automatisch übermittelt werden konnten[45]. Das Verlegen von Unterseekabeln und die Aufstellung von Telegrafenmasten bzw. deren Instandhaltung und Übertragungsgeschwindigkeit erwies sich jedoch sowohl im zivilen, als auch militärischen Einsatz als ebenso zeit- wie kostenintensiv, weshalb in den dreißiger Jahren des letzten Jahrhunderts neue Verfahren zur Datenübermittlung eruiert wurden.

Ingenieure und Technikspezialisten auf dem Gebiet der Kommunikation kümmerten sich besonders während des zweiten Weltkriegs um entsprechende technische Verfahren, Geräte und deren Datenaufbereitung. Das bekannteste Gerät jener Zeit war gewiss die Enigma-Maschine (Anhang C)[46], eine von Arthur Scherbius (Anhang D)[47] entwickelte Apparatur, welche zur Verschlüsselung des Datenverkehrs innerhalb der deutschen Reichsverbände eingesetzt wurde[48]. Solche Geräte zählten zur Kategorie der Funkfernschreiber[49], welche Ende der fünfziger Jahre zur kommerziellen, friedlichen Nutzung auf den internationalen Märkten angeboten wurden. Die Datentransferrate der ersten dieser seitens des amerikanischen Unternehmens AT&T produzierten Geräte betrug einhundert zehn Bit pro Sekunde.

---

[40] Vgl. Zitt H. (2004) S. 27 f
[41] Vgl. Bösch F. (2010) S. 132
[42] Vgl. Parker J. (2000) S. 13
[43] Vgl. Fricke K. (2007) S. 3
[44] Vgl. iks.hs-merseburg.de vom 16.12.2010
[45] Vgl. Meinel C. / Sack H. (2004) S. 69
[46] Vgl. Sebag-Montefiore H. (2002) S. 78 ff
[47] Vgl. Singh S. (2000) S. 82
[48] Vgl. deutsches-museum.de vom 12.12.2010
[49] Vgl. innovationsindikator.de vom 14.12.2010

Jene Datenfernübertragungsgeräte wurden in den sechziger Jahren durch das Data Phone (Anhang E) mit einer Übertragungsgeschwindigkeit von dreihundert Bit pro Sekunde (Baud) ersetzt. Eine Weiterentwicklung dieser Voll Duplex Modem[50] folgte lediglich im Design, da AT&T das Monopol für diese ersten, direkt an Netzwerke anschließbare Apparaturen hielt. Das Unternehmen vertrat die Ansicht, solange sich deren Produkt gut verkaufen ließe, sollte mit neuen Produktinnovationen abgewartet werden. Daher durften bis in die achtziger Jahre hinein keine anderen Hersteller jenes Modem produzieren, bzw. anbieten. Aus dieser misslichen Lage heraus entstanden deshalb neue Geräte, welche die Lizenzen von AT&T[51] nicht tangierten, wohl aber eine Datenfernübertragung mit Hilfe des Telefonnetzes ermöglichten: die Akustikkoppler (Anhang F)[52]. Mit diesen Apparaturen konnten Daten per Telefon übertragen werden, ohne dass Gerätschaften wie beispielsweise das Bell 103 Data Phone von AT&T benötigt wurde. Beim Akustikkoppler wurde einfach der Telefonhörer auf das Gerät gelegt, die Nummer gewählt und damit eine Verbindung mit anderen Computernetzwerken hergestellt, deren anfängliche Geschwindigkeit zwischen dreihundert und zweitausend Baud betrug. Die ersten Akustikkoppler waren Voll- oder Halbduplexfähig, das bedeutet, die sowohl akustischen, als auch induktiv verbundenen Modems unterschieden sich in erster Linie durch ihre Übertragungsgeschwindigkeit. Gleichzeitig waren diese Geräte nach dem CCITT[53] V 21 bzw. V 23 Standard mit FTZ Nummern[54] ausgestattet. Die erste Generation der Akustikkoppler verfügte über eine Stromversorgung mittels neun Volt Batterie, es folgten sublimierte Akku-Modelle und schließlich jene mit externen Netzteilen, die meist zwischen neun und 12 Volt bei 40 Milliampere benötigten. Größere Verkaufszahlen erlangte vor allem das nach ISO 2110 funktionierende Dataphon S 21 der Firma Woerltronic[55], welches bereits einen BTX-Anschluss (Anhang G)[56] besaß und rasch zum Standard in der Branche avancierte. Im Laufe der Jahre konnte die Datenübertragungsgeschwindigkeit auf dreiunddreißigtausend Baud gesteigert werden; AT&T verlor seine Marktanteile und schließlich sogar das Monopol auf die Netzwerkmodemherstellung.

---

[50] Vgl. digi.com vom 09.12.2010
[51] Vgl. att.com vom 20.12.2010
[52] Vgl. Winkler P. (2005) S. 41
[53] Vgl. Kent A. / Williams J. G. (1988) S. 226
[54] Vgl. Winkler P. (2005) S. 327
[55] Vgl. woerlein.com vom 04.01.2011
[56] Vgl. Middelkamp J. (2001) S. 51

Wichtige Pioniere auf dem Gebiet der weiterentwickelten Modemtechnologie, welche sich unlängst an den meist lancierten Netzwerkarchitekturen[57] jener Tage von Arcnet, Ethernet, Token Ring etc. orientierten, waren die Amerikaner Heatherington und Hayes. Die beiden Computerspezialisten entwarfen Systemkompatible Modems für Computer der S-100 Bus-Reihe und entwickelten ebenfalls das mit eigenem Befehlssatz ausgestattete Smartmodem[58], über welches der Nutzer mit Hilfe von ASCII-String-Befehlen direkt via Serial Port des heimischen PC Zugriff auf das Telefonnetz erhielt[59]. Dieser Befehlssatz wurde später zum Standard, weil jene bis dato gängige Praxis zur Aktivierung des Modems, sprich per Wählscheibe oder Tastatur Rufnummern einzugeben und dann langwierig auf Antwort von der Gegenseite zu warten, vielen Nutzern schlicht zu zeitaufwendig und umständlich war[60]. Die gängigen Modems jener Zeit waren meist eine Mischung aus akustischen und direkt an das Telefonnetz anschließbarer Geräte, wozu beispielsweise das Apple Modem dreihundert, der Telecoupler, Epsons CX 21, Commodores Vic-Modem oder auch das 8-3-0 von Atari[61] zählten. Die Transfergeschwindigkeit der damaligen High End-Computer, z. B. des Atari ST oder Commodore 64 (Anhang H)[62], bzw. VC 20 lag bei etwa tausendzweihundert Bit pro Sekunde. Da viele Unternehmen jene für den Privatanwender konzipierten und weitaus günstigeren Rechner mehr als Spielzeug, denn als betrieblich nutzbar ansahen, war es kaum verwunderlich, dass bis Ende der achtziger Jahre Hersteller von Großrechnern wie Schneider, Apple, Siemens oder IBM[63] den wesentlich profitableren Business-Markt unter sich aufteilten und dominierten. Deren Erzeugnisse besaßen im Gegensatz zu konventionellen Rechnern zudem interne, an ISA und später PCI-Schnittstelle angeschlossene Modems (Anhang I)[64]. Zweiflern dieser neuen Technologien waren jedoch externe Modems nach wie vor lieber, da hier das Datenkabel einfach abgezogen und die Verbindung somit schnell und unkonventionell gekappt werden konnte. Das war von sofern verständlich, da die Verbindungsentgelte noch immer recht hoch waren und das Ausschalten interner Modems nicht immer einwandfrei funktionierte.

---

[57] Vgl. Precht M. et al (2004) S. 208
[58] Vgl. Stack R. (1982) S. 86 f
[59] Vgl. Hanes D. / Salgueiro G. (2008) S. 5 ff
[60] Vgl. Zitt H. (2004) S. 51
[61] Vgl. Decker C. (2010) S. 320 f
[62] Vgl. 64er-online.de vom 04.01.2011
[63] Vgl. Soltis F. G. (2001) S. 31 ff
[64] Vgl. Zitt H. (2004) S. 83 ff

Datenfernübertragung wurde damals von vielen Nutzern als Mailboxen bezeichnet, wobei allerdings nur reine auf Zeichen basierende Daten versandt wurden, nicht wie heute üblich ganze Bild, Ton oder Video-Dateien. Zur gleichen Zeit kam auch ein Gerät zum versenden von Papierseiten via Modemweiche auf den Markt: das Fax[65]. Ende der achtziger Jahre änderte sich schließlich das gesamte, bis dahin bekannte Verfahren der Datenübermittlung, als der CERN[66]-Mitarbeiter Tim Berners-Lee[67] ein Vorhaben im Unternehmen initiierte, welches der Protektion von Kommunikation und Information zwischen Akademikern und Wissenschaftlern dienen und den gegenseitigen Datenzugang simplifizieren sollte. Jenes Projekt wurde bekannt unter dem Namen World Wide Web[68], der Provenienz des heute allgegenwärtigen Internets[69]. Anfang der neunziger Jahre erklommen die Modems aufgrund des global gestiegenen Interesses am Web Geschwindigkeiten zwischen achtundzwanzig und dreiunddreißig Kilobit pro Sekunde; gleichzeitig sanken Verbindungs- und Gerätepreise und interne PCI-Steckkartenmodems wurden zum Standard. Die Software der neuen Generation interner Modems entlastete den PC durch Übernahme von bislang lediglich durch die Hardware geleisteter Arbeitsschritte, wodurch sich weitere Zeit- bzw. Geld-Ersparnisse ergaben und gleichzeitig auch das Gewicht der PCs kontinuierlich abnahm. Synchron etablierten sich die ersten, meist noch recht klobig wirkenden, mobilen Funktelefone auf den Markt, besser bekannt unter der Bezeichnung Handy[70]. In dieser technologischen Phase kamen ebenfalls die Voice-Modems auf den Markt, welche eine Übertragung von Sprache via PC ermöglichten, wenngleich auch mit meist eher bescheidenen Ergebnissen. Mitte der neunziger Jahre folgten die sechsundfünfzig Kilobit-Modems, welche das bis dato genutzte analoge Telefonnetz jedoch vielerorts auf weniger als dreißig Kilobit ausbremste, da die Leitungen schlicht am Kapazitätslimit angekommen waren. Daher wurde ein hundertachtundzwanzig Kilobit-Modem mitsamt neuer ISDN-Modemtechnologie[71] und Weichentechnik[72] zur Marktreife gebracht.

---

[65] Vgl. Hanes D. / Salgueiro G. (2008) S. 53 ff
[66] Vgl. Dittman-Ilgen, H. (2004) S. 653 ff
[67] Vgl. w3.org vom 17.12.2010
[68] Vgl. Meinel C. / Sack H. (2004) et al
[69] Vgl. Tkacz E. / Kapczynski A. (2009) S. 11 ff
[70] Vgl. Burkart G. (2007) et al
[71] Vgl. Zitt H. (2004) S. 117 ff
[72] Vgl. patent-de.com vom 09.12.2010

Dies sorgte abermals für größere Geschwindigkeiten[73] und ein noch größeres Preisgefälle zwischen den Anbietern. Gleichzeitig konnte aufgrund dieser Technologie nun auch während der Datenübertragung[74] telefoniert werden[75], was bei bisher gekannten Modems nicht möglich war, da jene stets die einzige Telefondose[76] des Haushalts für sich beanspruchten. Dadurch wurde das Interesse der User weiter forciert und dem Internet der Weg in die Privathaushalte geebnet. Die Märkte der Telekommunikation wurden im neuen Jahrtausend vielerorts privatisiert, zum Standard ISDN[77] kam DSL[78] hinzu und Gerätepreise samt Verbindungsentgelte sanken weiter. Ebenfalls wurde das neue Breitband, welches mit Geschwindigkeiten von bis zu sechs Megabit lockte, zuerst in Ballungszentren, später in ländlichen Gebieten kontinuierlich weiter ausgebaut. Bald darauf kamen die ersten Funkmodems[79] auf den Markt, welche den Datentransfer dank der neuen Wlan-Technologie weiter an die Bedürfnisse und Gewohnheiten der User anpassten. Schließlich war das angestrebte Ziel erreicht und die Datenfernübertragung vollends digitalisiert.

2.2 Internet für Jedermann oder wie aus einer Mücke ein Elefant wurde

Waren es in den neunziger Jahren meist noch vorwiegend Tüftler oder Computerexperten, welche sich mit den neuen Möglichkeiten der PC- und Internet-Technologie beschäftigten, sorgten zum Ende des Jahrzehnts neue Betriebssysteme[80] von Apple, Linux oder Microsoft sowie ausgefeilte, leichter verständliche und zu installierende Software-Produkte für den erfolgreichen Einzug des Internets auf breiter gesellschaftlicher Ebene. Die Preise sanken und bislang unentschlossene wagten sich ebenfalls an die neue Technologie heran. Da langwierige Prozeduren mittels entsprechend konfigurierter und Nutzern zumeist gratis zur Verfügung gestellter Software-Pakete abgenommen sowie die Ladegeschwindigkeiten dank eines überregionalen Breitbandausbaus und neuer Providerservices deutlich verbessert wurden, entdeckten private Haushalte sukzessiv das Internet für sich.

---

[73] Vgl. Zitt H. (2004) S. 33
[74] Vgl. Precht M. et al (2004) S. 182 f
[75] Vgl. Zitt H. (2004) S. 211
[76] Vgl. Zitt H. (2004) S. 65
[77] Vgl. elektronik-kompendium.de vom 14.12.2010
[78] Vgl. Zitt H. (2004) S. 474
[79] Vgl. Precht M. et al (2004) S. 203
[80] Vgl. Tavangarian D. / Versick D. (2008) S. 129 ff

Infolgedessen wurde das Internet neben TV und Radio bald schon zu einem der wichtigsten Medien dieser Tage, weshalb das neue Jahrtausend auch das Zeitalter der Informationstechnologie[81] genannt wird. Anfänglich sahen viele Privathaushalte das Internet vor allem als kostengünstige Alternative zur Post, da eine Mail schnell geschrieben und Empfänger zeitnah erreichen konnte. Ein entsprechendes, meist kostenlos angebotenes Email-Konto[82] war flugs erstellt, wodurch die Verbreitung des elektronischen Briefes weiter vorangetrieben wurde. Gleichzeitig erfreute sich das Online-Banking[83] einer wachsenden Beliebtheit, wodurch Kunden nicht mehr wegen jeder Einzelaktion zum Schalter laufen oder langwierig Überweisungen ausfüllen mussten. Dies erledigte die Banken-Software nun ungleich schneller und komfortabler via Internet; zudem änderten sich meist nur wenige Daten dank wiederverwendbarer Online-Vorlagen. Viele Unternehmen erkannten das gigantische Potenzial des Internet-Booms und erweiterten ihr bisheriges, meist lediglich aus Printmedien bestehendes Werbungs- und Marketingportfolio um eine individuelle Homepage, Online-Shops, Newsletter, Online-Kataloge oder Werbemails[84]. Das Handy wurde zeitgleich zum wichtigsten Begleiter in Freizeit und Beruf. Telefonkosten, SMS, MMS und Internet-Verbindungsentgelte, damals unter dem Begriff WAP[85] eingeführt, sanken dank expandierender Kundenzahlen, Gerätepreise deszendierten aufgrund prosperierender Produktionszahlen und die Anwendungsmöglichkeiten der kleinen Alleskönner steigerte sich immens. Mit dem wachsenden Interesse an Informationen aller Art und der Bereitschaft des Users, sich in Foren oder per Mail zu jeder nur erdenklichen Thematik oder Lebenslage äußern zu wollen, entstanden Communities, Chatrooms und Blogs. Unzählige Sites mit Nachrichten, Informationen, weiterführenden Links oder Werbebotschaften hielten Einzug in private Haushalte. Der Informationshunger schien grenzenlos, wodurch sich nicht nur die Gewohnheiten des Users, sondern ebenso dessen freiwillige Informationsweitergabe änderte. War es Mitte der achtziger Jahre bei der Volkszählung[86] noch zum großen Aufschrei gekommen, weil private Haushalte das Ausspähen persönlicher Daten seitens des Staates befürchteten, so schien dies mittlerweile Nebensache geworden zu sein.

---

[81] Vgl. stern.de vom 24.03.2003
[82] Vgl. Eigner M. et al (2010) S. 187
[83] Vgl. Precht M. et al (2004) S. 358
[84] Vgl. Tißler J. (2005) S. 15 ff
[85] Vgl. Mann S. / Sbihli S. (2002) S. 29 ff
[86] Vgl. heise.de vom 25.05.2007

Als Geräte und Technologien schließlich ausgereift und allerorts Flatrates angeboten werden konnten, wurde das unbegrenzte Surfen im World Wide Web[87] für jeden erschwinglich und überall möglich. Somit stiegen die seitens der User am heimischen PC zugebrachte Zeit und deren Mitteilungsbedürftigkeit ebenso weiter an. In dieser Phase erkannte ein Amerikaner das Potenzial dieser Möglichkeit und erschuf ein Netzwerk, in welchem Bilder von Studenten und Studentinnen bewertet werden konnten. Anfangs nur als kleines Gimmick gedacht, entwickelte sich das Netzwerk[88] namens Facemash[89] binnen kürzester Zeit zu einem wahren Renner im Netz. Der Erfinder war Mark Zuckerberg, welcher ein Jahr später das Online-Portal Facebook[90] ins Netz stellte. In wenigen Jahren etablierte sich das Portal mit weit über fünfhundert Millionen Usern zu einem der größten sozialen Netzwerke der Welt (Anhang J). Es revolutionierte den Informationsaustausch zwischen Usern, welche nun nicht mehr nur Nachrichten, sondern ebenso Videos, Bilder, Links und Informationen über sich, ihre Freunde, ihre Vorlieben oder Lebenssituationen posten konnten. Technische Geräte wurden zeitgleich weiter perfektioniert und im Anwendungsspektrum expandiert. Bald schon mauserte sich das Smartphone zu den wichtigsten Neuheiten auf dem Technik-Sektor und verdrängte sukzessiv das herkömmliche Handy, mit dem lediglich telefoniert sowie kurze Nachrichten oder Miniaturbilder in meist geringer Qualität versandt werden konnten. Mit dem Smartphone wurde es möglich, mit bester Netz-, Medien- und Videoqualität kostengünstig im Internet zu surfen und dabei jederzeit und überall etwas von sich an andere, auf seine Homepage oder in sozialen Netzwerken zu posten, Videos anzusehen oder jene zu erstellen[91]. Freunde, Bekannte und alle, die es interessierte, konnten so via Facebook, Twitter oder mit Hilfe anderer Dienstleister jede Situation im Leben des Users miteinander teilen (Anhang K)[92]. Tablet-PCs, IPhone, IPad und dergleichen ließen das Leben der Nutzer auf diese Weise in Social Networks mit und durch das Internet mehr und mehr Alltag werden. Für die User war es vor allem die Faszination der unerwarteten Nähe zu Personen oder Plätzen anderer Länder, was dazu führte, dass jeder stetig mehr über sich und seine Lebensumstände, Freunde und Freuden preiszugeben bereit war.

---

[87] Vgl. inf.fu-berlin.de vom 19.12.2010
[88] Vgl. Larisch D. (2005) S. 34
[89] Vgl. Penenberg A. (2010) S. 268
[90] Vgl. Schilliger R. (2010) S. 29
[91] Vgl. Geier E. (2008) S. 517 f
[92] Vgl. Thomases H. (2010) S. 65

Alle hatten scheinbar überall etwas zu erzählen oder zu zeigen und reflektierten somit die schiere Unendlichkeit der Inhalte sozialer Netzwerke oder sprich dessen, wo sich beispielsweise wer gerade aufhielt, wen er traf oder was er tat. Die Welt rückte zusehends weiter zusammen. Es entstanden und entstehen jeden Tag neue Märkte und Innovationen, welche den kommunikativen oder informativen Austausch unter Usern beschleunigen oder erleichtern[93], z. B. durch QR-Codes (Anhang L)[94] oder Apps (Anhang M)[95]. Das bemerkten auch international agierende Unternehmen bzw. diejenigen die es nicht taten, wie z. B. Quelle oder andere große Traditionsunternehmen, welche den Hype des Internets verschliefen oder gar unterschätzten, wurden von der neuen Ära überrollt und sind heute vom Markt verschwunden. Unternehmen erkannten bald, das Werbebotschaften, Trend-News oder spezielle Angebote binnen kürzester Zeit entweder durch Pop-Up-Blocker[96] eliminiert, ohne angesehen worden zu sein als Junk Mail gekennzeichnet und in den Papierkorb verschoben oder auf betreffenden Fan-Seiten schlicht ungeeignet platziert waren und somit eher ein Marketing-, wie finanzielles Fiasko, denn gewinnmaximierendes Element darstellten. Es galt daher, sich eingehend mit den Informationen zu beschäftigen, welche User online von sich preis gaben, um die unternehmenseigene Botschaft möglichst effektiv und vor allem lukrativ übermitteln zu können. Ferner waren länderspezifische Faktoren, Freundeskreise, berufliche und kommunikative Ziele, Altersklassen sowie unternehmensrelevante Communities und deren weltweite Vernetzung ins Visier zu nehmen. Nur mit diesen Informationen konnten Marktanteile und Kunden gewonnen, User-Potenziale innerhalb betreffender Freundeskreise genutzt und die Präsenz des Unternehmens weiter gefördert werden. Das brachte Strategieteams auf den Plan, da sich eine stetig wachsende Anzahl potentieller Kunden online betätigte oder betätigen würde. So fragten Kunden in Online-Portalen oder Blogs nach Bewertungen, gaben selber welche ab oder informierten über Produkte, Unternehmen und Erfahrungen[97]. Daraus musste sich letztlich eine Möglichkeit ergeben, die einzelnen Angaben zu einem gemeinsamen Nenner zurückzuverfolgen und dessen Potenzial für eigene Interessen nutzen zu können.

---

[93] Vgl. Thomases H. (2010) S. 453
[94] Vgl. ulb.uni-muenster.de vom 04.01.2011
[95] Vgl. Hughes J. (2010) S. 25 ff
[96] Vgl. Aldridge M. et al (2007) S. 411
[97] Vgl. Müller C. (2007) S. 157 ff

Würde jene zentrale Person mit entsprechend positiven Informationen versorgt und selbige von dieser weiter verbreitet werden, so besäße das Unternehmen einen Lead User[98], welcher aufgrund seiner Aussagen für eine weitaus bessere PR sorgen würde, als es das Unternehmen durch eigene und meist recht teure Werbemaßnahmen jemals würde erreichen können. Die Unternehmen hatten dementsprechend eine zentrale Zielsetzung: Sie wollten ihre Produkte, Marken und Kampagnen mit Hilfe weltweit vernetzter User über die Strukturen des Social Network bewerben, um so Gewinne als auch das eigene Image zu forcieren. Dafür wurde ein weitreichender Ansatz benötigt, um nicht wahllos irgendwo Unternehmens- oder Produktinformationen zu platzieren. Auf diese Weise würden sich Geschäfte selbst in fernen, bislang unerschlossenen Gebieten tätigen lassen, was wiederum eine Intensivierung internationaler Beziehungen und des Bekanntheitsgrads zur Folge hätte. Deshalb mussten vorrangig die Schlüsselfiguren innerhalb der anvisierten Netzwerke identifiziert werden. Schlüsselfiguren sind Nutzer, welche die meisten Kontakte besitzen und somit besonders gut in das Netzwerk eingebunden sind[99]. Durch die Identifikation könnten andere, mit denen jene Schlüsselfiguren verbunden waren, ebenfalls auf unternehmensrelevante Inhalte aufmerksam gemacht werden. Insgesamt stellte das angedachte Szenario quasi eine Art Schneeballprinzip im großen Stil dar. Dementsprechend galt es zunächst, die jeweils untereinander verbindenden Elemente auszumachen und eingehend zu analysieren. Jene Elemente, welche die Schlüsselfiguren darstellen, haben im Laufe der Zeit ein großes Netzwerk mit vielen Kontakten und Freunden auf globaler Ebene aufgebaut. Das geschieht in der Regel per Einladung oder Mail an die jeweilige Person innerhalb des Netzwerks. Durch die Annahme der jeweiligen Person zum Kreis der bereits bekannten User, lernen diese wiederum andere User kennen, die sich ebenfalls mit dem neuen Kontakt vernetzen. Innerhalb dieser Verbindungen kristallisieren sich simultan weitere Schlüsselpersonen mit vielen Kontakten heraus. Diese werden als Knotenpunkt, bzw. Hub bezeichnet[100]. Ein Hub bezeichnet jene Position innerhalb des Netzwerks, von dem aus sämtliche Informationen ausgehen bzw. weitergegeben werden. Daraus ergeben sich schlussendlich die Berechnung des betreffenden Maßes der Vernetzung und eine Identifikation zur bestmöglichen Platzierung der Unternehmensbotschaft.

---

[98] Vgl. Kreutzer R. T. (2009) S. 220
[99] Vgl. Schilliger R. (2010) S. 15 f
[100] Vgl. Roltsch L. (2010) S. 8

3. Vernetzungsmaße

3.1 Konzeptionelle Unterschiede der Vernetzungsmaße

Beim Maß der Vernetzung ergeben sich entsprechend den jeweils zugrunde liegenden Konzepten teils sehr erhebliche Differenzierungen. Diese orientieren sich an zuvor seitens des Unternehmens festgelegter Bewertungskriterien, welche beispielsweise durch Kommunikation, Interaktion oder Einbindung des betreffenden Netzwerkakteurs in oft recht divergente Strukturen seines Umfelds geprägt sind. Diese Faktoren sind entscheidend, wenn die Aufmerksamkeit des Users auf ein spezielles Produkt, einen Anbieter oder eine strategisch relevante Werbemaßnahme in Form von Spots, Aktionen oder Events gelenkt werden soll[101]. Der identifizierte Lead User erhöht die Aufmerksamkeit des Marketing- oder Strategieteams, wenn er viele Kontakte mit Informationen und Anregungen von oder auf Fanseiten versorgt, da sich jene dann beispielsweise für Viral- oder Dialogmarketing[102] bzw. Werbemaßnahmen nutzen lassen[103]. Auf diese Weise können z. B. zeitaufwendige Studien, Befragungen oder Statistiken vermieden werden, welche für einen Produktlaunch oft unumgänglich sind. Schließlich möchte der jeweilige Hersteller besser früher als später erfahren, ob das Interesse für ein neuartiges Produkt bereits vorhanden ist oder ob die Einführung zuerst noch einer gewissen Stimulans bedarf, um am Markt erfolgreich etabliert werden zu können. Die Möglichkeit der Quantifizierung aller generierten Kontakte des Lead Users ergibt sich oft bereits aus einer diesbezüglich eruierten SNA[104], bei der gemeinsame Ziele, Bedürfnisse und Interessen der Akteure ermittelt werden[105]. Gleichzeitig bilden sich dabei Beziehungsverflechtungen, Profildaten und visualisierte Identifikationsmerkmale heraus, welche miteinander verglichen werden und in die spätere Berechnung des Lead Users bzw. des Maßes der Vernetzung einfließen[106]. Dabei geht es primär um die Frage, ob die Kontakte innerhalb des Netzwerks eher flüchtig und unregelmäßig, häufig, intensiv, einseitig oder in gleicher Weise Geber und Nehmer von Informationen sind.

---

[101] Vgl. Bauer H. H. et al (2006) S. 313 f
[102] Vgl. Kreutzer R. T. (2009) S. 141
[103] Vgl. Reiter K. (2008) S. 19
[104] Vgl. uiuc.edu vom 25.02.2010
[105] Vgl. Niederkorn M. (2008) S. 66
[106] Vgl. Pucher G. (2010) S. 246 f

Generell ließ sich in der Vergangenheit konstatieren, dass jeder einzelne User, egal wie hoch dessen eigentliche Kontakt- bzw. Freundesliste auch sein mag, im Netzwerk lediglich sechs Kontakte seines Umfelds tatsächlich intensiv nutzt[107]. Andere Kontakte bilden in diesem Zusammenhang Gruppen, welche sich entweder von einem dieser sechs Kontakte inspirieren oder assimilieren lassen bzw. diese nurmehr imitieren oder deren Informationen weitertransportieren. Ebenso gibt es Einzelkontakte, die nur des Netzwerks wegen Teil dessen sind und nur wenige Aktionen ihr eigen nennen können, wenige Bindungen zu anderen Kontakten besitzen oder kaum in das Netzwerk eingebunden sind. Diese werden als Verbindungspunkt zwischen den Knoten bezeichnet[108]. Dennoch gilt es bei der Berechnung des Maßes der Vernetzung ebenso die anderen Aktivisten einzubeziehen, welche sich außerhalb jener aus einem Sechseck bestehenden Intensivkontaktliste des Users befinden, da sich im Gegensatz zur realen Welt bislang desinteressierte rasch zu Lead Usern wandeln könnten, sobald neue Trends, Produkte oder Kontakte mit weiter reichenden, facettenreicheren oder interessanteren Informationen direkt oder indirekt dem bestehenden Netzwerk beitreten.

3.2 Differenzierungen bei der Berechnung des Maßes der Vernetzung

3.2.1 Direkte Kontakte

Grundsätzlich lässt sich feststellen, dass all jene Kontakte innerhalb der Vernetzung gegenüber dem Lead User, welcher den zentralen Punkt innerhalb des Netzwerks markiert, einfach und unmittelbar Informationen kommunizieren oder interpretieren können. Dieser zentrale Punkt wird als Hauptknotenpunkt bezeichnet und gilt als statistisch verwertbares Merkmal für die Beschaffenheit und Qualität des Netzwerks. Je besser dieser Hauptknotenpunkt mit den angrenzenden Kontakten interagiert, desto höher ist die strukturelle Konsistenz betreffender Hubs[109]. Hubs stellen innerhalb sozialer Netzwerke diejenigen Nutzer dar, welche sehr viele andere User kennen, diesen gegenüber selbst allerdings unbekannt sind. Konträr verhält es sich beim Lead User, der vielen Usern bekannt und vertraut ist, jene selbst jedoch kaum oder gar nicht kennt.

---

[107] Vgl. Born G. (2010) S. 198
[108] Vgl. Weyer J. (2010) S. 140
[109] Vgl. Furth B. (2010) S. 244

Im wirklichen Leben wäre letzterer ein Hollywoodstar, den jeder kennt, dieser seine Fans jedoch eher nicht. Ein Hub würde dementsprechend eine Maskenbildnerin darstellen, welche jede Hollywoodschauspielerin kennt, selbige die Frau jedoch nicht. Anhand einer Mehrung direkter Kontakte potenziert sich das Äquivalent weiter, was zu einer Wertsteigerung des Maßes der Vernetzung und zu einem höheren Wert für die spätere Berechnung der DC-Variante führt (Anhang N)[110].

3.2.2 Geringe Distanz der Kontakte

Wie bei der DC-Variante werden auch bei der CC-Variante Informationen und Kommunikationen innerhalb der jeweils betreffenden Knoten in die Berechnung vom Maß der Vernetzung des Lead Users sowie deren Netzwerke einbezogen (Anhang N)[111]. Dabei wird jedoch nicht mehr nur einzig die Konsistenz des betreffenden Lead Users bzw. Hubs, sondern vielmehr die Entfernung zwischen den Knoten innerhalb des Netzwerks bzw. gegenüber ersteren analysiert. Je geringer die Wegstrecke vom Quell- bis zum Empfängerkontakt, desto hochwertiger wird die Qualität des letzten Kontakts. Das klingt kompliziert, doch wem das Spiel stille Post bekannt ist, der wird gewiss kaum behaupten wollen, das die primäre Information nach unzähligen Kontakten noch die gleiche Güte besitzt, wie jene, welche dem Kontakt offeriert wurde, der dem Sender am nächsten war[112]. Das Ergebnis, welches aus der Gesamtheit aller kurzen Wegstrecken resultiert, wird daher zusätzlich in die Berechnung des Maßes der Vernetzung einbezogen, wodurch sich neben der Netzwerkqualität ebenso deren Informationsgehalt besser zuordnen lässt. Einzelne oder indirekt eingebundene Kontakte sind gleichwohl nicht Bestandteil des Kalküls. Das Äquivalent potenziert sich somit durch die Anzahl der geringeren Distanzen, wodurch synchron die Qualität des jeweiligen Hubs, des Lead Users und ebenso des Netzwerks ansteigt.

---

[110] Vgl. Furth B. (2010) S. 14
[111] Vgl. Chen H. / Yang C. C. (2008) S. 51
[112] Vgl. Weyer J. (2010) S. 60

3.2.3 Informationskontrolle zwischen den Kontakten

Wie beim Spiel der stillen Post, kommt es bei der Weitergabe von Informationen auf deren Gehalt, Vollständigkeit und temporäre Zuordnung an. Ebenso verhält es sich bei der BC-Variante innerhalb eines Netzwerks[113]. Divergierende Informationen sind gleichbedeutend mit Diskrepanzen beim Empfänger, weshalb bei dieser Variante Kontrollen und Augmentationen in Form der zwischen Sender und Empfänger liegenden Kontakte forciert werden, auch wenn diese nicht in direktem Kontakt zum Sender oder Empfänger stehen[114]. Auf diese Weise funktionieren jene Kontakte innerhalb des Netzwerks wie eine Art Verstärker mit dem fast schon philosophisch anmutenden Drang, das Spiegelbild der Realität bzw. den Wahrheitsgehalt der Information kontinuierlich aufrecht erhalten zu wollen. Die Positionierung des Kontaktes inmitten einzelner Knoten bzw. zwischen Sender und Empfänger erlaubt es, die Informationen, Kommunikationen und Interaktionen aller Akteure des Netzwerks dahingehend zu gewährleisten, das selbst bei großen Wegstrecken der primäre Tenor betreffender Daten kontinuierlich beibehalten wird. Bei der Berechnung des Maßes der Vernetzung eines solchen Kontaktes (Anhang N) wird die Anzahl der geringsten Wegstrecken zwischen den Akteuren des betreffenden Verstärkers in Relation zur Gesamtheit der geringfügigen Wegstrecken aller Akteure des Netzwerks gesetzt. Das Äquivalent des Verstärkers potenziert sich durch dessen Lage und der Anzahl aller Kontakte mit geringeren Distanzen zwischen denen dieser liegt, wodurch synchron die Qualität von Information und Kommunikation zunimmt[115].

3.2.4 Netzwerkintegration der Kontakte

Die Kontakte innerhalb der Vernetzungen interagieren differenziert, je nachdem, ob sie besser oder schlechter innerhalb des sozialen Netzwerks bzw. gegenüber Lead User oder Hub eingebunden sind[116].

---

[113] Vgl. Scherer A. G. et al (2009) S. 243
[114] Vgl. Weyer J. (2010) S. 109
[115] Vgl. Chen H. / Yang C. C. (2008) S. 47
[116] Vgl. Furth B. (2010) S. 431

Synchron bedeutet dies für die CI-Variante (Anhang N)[117], dass die Beziehungsverflechtungen innerhalb eines Netzwerks durch besser integrierte Kontakte den jeweiligen Knoten sublimieren, konträr veranlagte Kontakte diesen jedoch ebenso dezimieren[118]. Bei dieser Variante werden deshalb neben den besten ebenso die schlechteren Kontakte in die Berechnung des Maßes der Vernetzung einbezogen, um somit die Gesamtheit der Qualität jedes einzelnen Hubs bzw. Lead Users konstatieren zu können[119].

3.2.5 Direkte und indirekte Kontakte

Die Qualität des Netzwerks und damit einhergehend dessen Gewichtung zur Berechnung des Maßes der Vernetzung wird bei der Variante von Katz[120] potenziert durch Sublimierung aller Kontakte der jeweils integrierten Knoten, Hubs und Lead User. Dabei werden neben den direkten ebenso die indirekten Kontakte zur Quantifizierung und abschließenden Berechnung des Netzwerks hinzugezogen[121]. Indirekte Kontakte sind primär jene, welche signifikant in das bestehende Netzwerk eingegliedert sind, da sie mit bereits integrierten Kontakten interagieren. Sekundär potenzieren indirekte Kontakte die Wertigkeit des bestehenden Netzwerks, wenn sie viele direkte, qualitativ hochwertige und ebenfalls bestens vernetzte Kontakte, Knoten und Hubs besitzen sowie mit diesen im wechselseitigen Nexus befindlich und synchron autark sind[122].

Bei den Berechnungen des Maßes der Vernetzung werden die unterschiedlichen Charakteristika bestehender Hubs additional berücksichtigt und in dafür kreierte Algorithmen integriert[123]. Dazu zählen vorrangig die seitens divergenter Akteure kommunizierten Informationen, deren Verbreitungsgeschwindigkeit signifikant in Abhängigkeit zur Entfernung zwischen den Kontakten variiert. Je größer die Distanz, desto geringer die Authentizität der Information und jener daraus resultierenden Wertigkeit des Netzwerks bzw. des Maßes der Vernetzung eines betreffenden Kontaktes.

---

[117] Vgl. Scott J. (2005) S. 95
[118] Vgl. Brandes U. / Erlebach T. (2005) S. 16 f
[119] Vgl. wordpress.oom vom 02.11.2010
[120] Vgl. Brandes U. / Erlebach T. (2005) S. 46 ff
[121] Vgl. Scott J. (2000) S. 3 f
[122] Vgl. Furth B. (2010) S. 379 ff
[123] Vgl. Precht M. et al (2004) S. 550

Ein weiteres Kriterium ist die Verlässlichkeit bzw. das Vertrauen zwischen den jeweiligen Kontakten des Netzwerks[124]. Fügt ein Kontakt beispielsweise via Facebook einen bislang unbekannten Kontakt zur Freundesliste hinzu und wird die anschließende Konversation via Chat bzw. fern bereits bestehender Kontakte geführt, so würde die Zuverlässigkeit der individuell kredenzten Informationen nicht durch benachbarte Kontakte des Netzwerks geschmälert, da jene keine Kenntnis davon hätten oder schlicht nicht in den Informationsaustausch einbezogen sind. Auf diese Weise verbleibt der Inhalt des Dialogs überaus zuversichtlich bei den Protagonisten, wodurch beispielhaft dargelegt wird, wie indirekte Kontakte mit Hilfe sozialer Netzwerke erleichtert, bestehende Knoten nicht negativ tangiert und die Netzwerke der jeweiligen Akteure sublimiert werden. Je mehr Kontakte Netzwerke enthalten, desto mehr expandieren Vertrauen und Informationsweitergabe inmitten der User[125]. Befinden sich die Akteure des Netzwerks im gleichen Land, in der gleichen Stadt oder haben sich diese eventuell sogar in derselben Uni eingeschrieben, so wirkt sich dies positiv auf die Wertigkeit des Netzwerks aus, da die Entfernung zwischen den Kontakten gering und damit hochwertiger ist[126]. Gleichzeitig entsteht so die Möglichkeit für bisherige Kontakte, neue Akteure mit Hilfe der Freundeslisten betreffender Hubs oder Hauptknotenpunkte auf einfachere Weise zu kontaktieren, da jenen bzw. deren positiver Meinung bezüglich der neuen Kontakte vertraut wird, wodurch sich wiederum deren und ebenso das Netzwerk des Lead Users sublimiert. Einzig bei der Netzwerk-Variante von Katz (Anhang N) werden alle unterschiedlichen Charakteristika von Hubs bzw. Knotenpunkten vollends einbezogen, weshalb dies auch die optimale Möglichkeit zur Berechnung des Maßes der Vernetzung in sozialen Netzwerken aufzeigt.

Da eine veritable Darstellung diesbezüglicher Kalkulationen inklusive mathematischer Graphen, Matrizen und Algorithmen[127] überaus umfangreich, komplex sowie zeitaufwendig wäre, werden jene selbstverständlich ausführlich in der Präsentation erörtert, sind jedoch infolge akuten Platzmangels und aus Gründen der Verständlichkeit nicht Bestandteil dieser schriftlichen Ausarbeitung.

---

[124] Vgl. Furth B. (2010) S. 471 ff
[125] Vgl. Scott J. (2005) S. 20
[126] Vgl. Furth B. (2010) S. 592 f
[127] Vgl. Brandes U. / Erlebach T. (2005) S. 11 ff

4. Fazit

Aus sozialen Netzwerken entstand im Laufe der Jahre weitaus mehr, als reine Spaß- oder Kommunikationsforen. Waren es anfänglich nur kurze Kommentare oder Mitteilungen, welche für mehr oder minder interessante Inhalte standen, so werden unlängst von einer großen Zahl der Internet-User aktiv Blogs, Wikis, Social-Network-Seiten, Video und Foto Communities, Bewertungs-, Fragen- oder Antwortportale sowie täglich tausendfach Micro-Blogger-Dienste à la Twitter rund um den Globus genutzt (Anhang O).

Da nicht nur jüngere User dem Hype des Informationsaustausches via Internet zugetan sind, sondern ebenso ältere und zumeist zahlungsfähigere, die neben bloggen, posten, an der eigenen Homepage arbeiten, kommentieren oder beraten ebenfalls die vielen Online-Angebote namhafter Hersteller beäugen, Versteigerungen bei EBay verfolgen, Produkte beurteilen oder selbige bestellen, steigt der strategische Einsatz von Werkzeugen aller Art zur Analyse dieses Potenzials in Unternehmen sukzessiv an. Aufgrund der Vielzahl adäquater Faktoren, welche Produkt-Launch, Weiterentwicklungen und Kundenbedürfnisse ebenso tangieren, wie Trends, Erwartungen, Vertrauen in die Marke oder qualitative Aspekte, welche aufgrund von Empfehlungen bzw. Empfindungen seitens der User in sozialen Netzwerken generiert werden, können Unternehmen Rückschlüsse aus dem Konsumentenverhalten ziehen, woraus wiederum neue Zielsetzungen für Marketing, Produktion, Werbung und Präsentation der Marken resultieren.

Um anvisierte Zielsetzungen der Hersteller, wie ebenso vorhandene Potenziale sozialer Netzwerke möglichst flächendeckend, kostengünstig und zeitnah erreichen zu können, sind vor allem die dafür notwendigen Maße der Vernetzung betreffender User innerhalb des Netzwerks zu eruieren. Sind entsprechende Lead User und Hubs ausgemacht, deren Stärken und Bedürfnisse, Informationsgehalt, Knotenpunkte sowie die Qualität des Netzwerks identifiziert und quantifiziert, lassen sich Marken- und Werbebotschaften der Unternehmen zielorientiert platzieren. Dadurch werden Gewinne maximiert, Kosten minimiert und zeitliche Ressourcen geschont.

Durch die expansive Ausbreitung sozialer Netzwerke auf globaler Ebene ist zudem gewährleistet, das Online Shopping und diesbezügliche Offerten auch zukünftig weiter zulegen werden. Somit werden Identifikation, Quantifizierung und diesbezüglich ermittelte, qualitative Aspekte des Netzwerks zunehmend wichtiger für eine zielorientierte Potenzialbestimmung durch und für das Marketing bzw. die Unternehmensstrategie.

Da Marketingmaßnahmen und Informationen des Web 2.0 nicht nur im privaten, sondern ebenso im beruflichen Umfeld weiter an Bedeutung gewinnen, ist es nur eine Frage der Zeit, bis neben Design ebenso intuitive Gestaltung von Werbung oder Online-Bestellservices mit Hilfe von SNA und Maßen der Vernetzung so angepasst werden können, das Usern schon vor deren Klick bzw. Gedanken an das, was gerade gewünscht wird, selbiges offeriert und somit eine weitergehende Recherche nach gleichartigen Angeboten entfallen wird. Ein Prinzip, welches Google bereits seit vielen Jahren erfolgreich praktiziert, indem individuelle Suchanfragen seitens speziell dafür konzipierter Logarithmen analysiert, zugeordnet und anschließend bedürfnisorientiert in Form von passender Werbung neben der eigentlichen Suchanfrage des Users angezeigt wird.

Auf diese Weise können die Inhalte des einst von Bill Gates lediglich als zeitlichen Hype eingeschätzten Internets bzw. involvierte soziale Netzwerke sukzessiv an die individuellen Bedürfnisse der User angepasst und unternehmenskonform mit entsprechenden Werbe- oder Marketingmaßnahmen ausgestaltet werden.

Anhang A - Weltkarte mit länderspezifisch genutzten sozialen Netzwerken

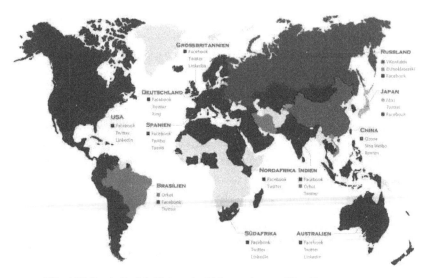

Abb. 1 Weltkarte Soziale Netzwerke (Präsentationsgrafik) e. D.

Anhang B - Liste weltweit am häufigsten genutzter sozialer Netzwerke

1. Facebook
2. QZone
3. VKontakte
4. Odnoklassniki
5. Linkedin
6. MySpace
7. Twitter
8. ITM
9. Orkut
10. Meetup
11. WKW
12. XING
13. Flickr
14. MyN10
15. StudiVZ
16. Stumbleupon
17. VodPod
18. YouTube

19. Classmates
20. Zing
21. Cloob
22. Dig
23. Friendster
24. Buzznet
25. Del.icio.us
26. Draugiem
27. Wordpress
28. Ryze
29. LiveJournal
30. Graduates
31. myYearbook
32. WAYN
33. Reunion
34. Sportsvite
35. WebBiographies
36. TagWorld

Quelle: Statistica

Anhang C – Die Enigma-Maschine

Abb. 2 Die Enigma-Maschine (Deutsches Museum in München)

Anhang D – Schnittzeichnung der Enigma-Maschine

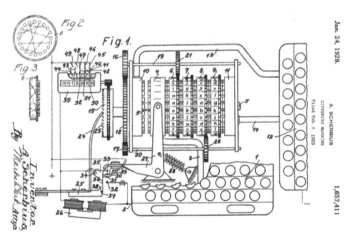

Abb. 3 Enigma-Patent-Zeichnung von A. Scherbius (1928)

Anhang E – Data Phone

Abb. 4 Data Phone der Firma AT&T

Anhang F – Akustikkoppler

Abb. 6 Akustikkoppler von Atari

Abb. 5 Akkustikkoppler mit PC (1983)

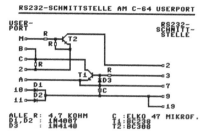

Abb. 7 Akustikkoppler DP

RS232-SCHNITTSTELLE AM C-64 USERPORT

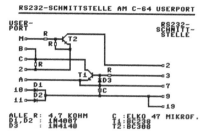

Abb. 8 Technische Zeichnung eines selfmade C 64-Akustikkopplers

Anhang G – BTX-Modem

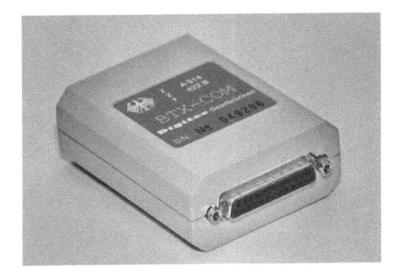

Abb. 9 BTX-Modem (Digitec)

Anhang H – Der C 64

Abb. 10 Der Commodore 64, 1983 der meistverkaufte Heimcomputer der Welt

Anhang I – Externe und interne Modem

Abb. 11 Modem mit ISA-Anschluss und via Datenkabel an den Serial-Port

Anhang J – Kontinentale Ausdehnung Sozialer Netzwerke

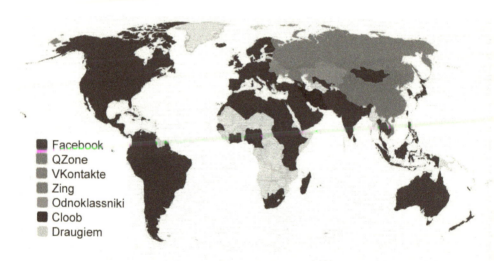

Facebook
QZone
VKontakte
Zing
Odnoklassniki
Cloob
Draugiem

Abb. 12 Globale Aufteilung der sozialen Netzwerke Ende 2010 (PG) e. D.

Anhang K – Meistgenutzte Online Communities in Deutschland 2010

1. Facebook
2. Xing
3. StudiVZ
4. Spin.de
5. LinkedIn
6. KWICK!
7. Fotocommunity
8. SchülerVZ
9. Uboot.com
10. Dol2day
11. Lokalisten
12. Die Fans
13. Jappy
14. Yahoo
15. Grafiker.de
16. JUX.de
17. Sportsfreunde.de
18. SchülerProfile
19. Wer kennt wen
20. Platinnetz
21. Unister
22. Housefan.de
23. Deine Tierwelt
24. dogSpot.de
25. femity
26. autoki
27. youop
28. Alexandria

Quelle: Statistica

Anhang L – QR-Code

Abb. 13 QR-Code mit dem Inhalt QR-CODE

Anhang M – Apps

Abb. 14 Smartphone & Apps

Abb. 15 Top 20 Apps 01-2011 (PG) e. D.

Anhang N – Varianten zur Berechnung des Maßes der Vernetzung

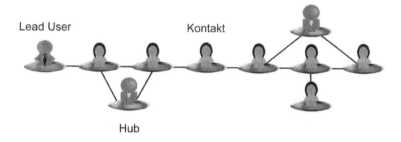

Abb. 16 Direkte Kontakte (Präsentationsgrafik) e. D.

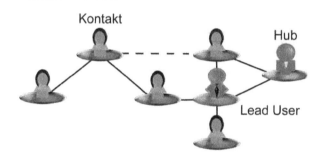

Abb. 17 Geringe Distanz der Kontakte (Präsentationsgrafik) e. D.

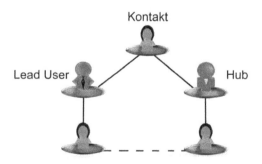

Abb. 18 Informationskontrolle zwischen den Kontakten (Präsentationsgrafik) e. D.

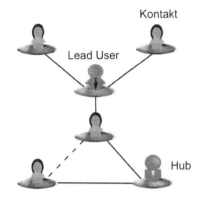

Abb. 19 Netzwerkintegration der Kontakte (Präsentationsgrafik) e. D.

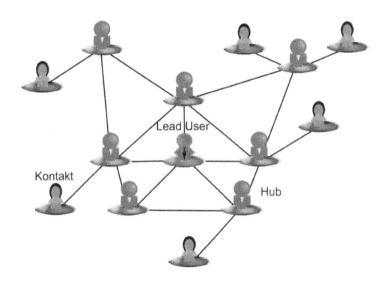

Abb. 20 Direkte und indirekte Kontakte (Präsentationsgrafik) e. D.

Anhang O - Social Network Analysis: Userprofile

Für die Analyse wurden zwischen August und November 2010 104.136 deutschsprachige Internet-Nutzer seitens gujmedia[128] befragt.

Userprofil – Facebook
- 57 Prozent Frauen / 43 Prozent Männer
- 59,8 Prozent der Nutzer sind zwischen 20 bis 29 Jahre
- 57,1 Prozent der Nutzer zeigen eine hohe Shopping-Affinität (> 30 OEK p.a.)

Userprofil – MySpace
- 55,4 Prozent Frauen / 44,6 Prozent Männer
- 43,6 Prozent der Nutzer sind zwischen 20 bis 29 Jahre
- 56,2 Prozent der Nutzer zeigen eine hohe Shopping-Affinität (> 30 OEK p.a.)

Userprofil – SchülerVZ
- 59,9 Prozent Frauen / 40,1 Prozent Männer
- 71,6 Prozent der Nutzer sind unter 20 Jahre
- 30,3 Prozent der Nutzer zeigen eine hohe Shopping-Affinität (> 30 OEK p.a.)

Userprofil – studiVZ
- 59,9 Prozent Frauen / 40,1 Prozent Männer
- 77,4 Prozent der Nutzer sind zwischen 20 bis 29 Jahre
- 54,0 Prozent der Nutzer zeigen eine hohe Shopping-Affinität (> 30 OEK p.a.)

Userprofil – Wer-kennt-wen
- 56,5 Prozent Frauen / 43,5 Prozent Männer
- 32 Prozent der Nutzer sind zwischen 20 bis 29 Jahre
- 61,3 Prozent der Nutzer zeigen eine hohe Shopping-Affinität (> 30 OEK p.a.)

Userprofil – Xing
- 38,8 Prozent Frauen / 61,2 Prozent Männer
- 37,7 Prozent der Nutzer sind zwischen 30 bis 39 Jahre
- 76,2 Prozent der Nutzer zeigen eine hohe Shopping-Affinität (> 30 OEK p.a.)

---

[128] Vgl. gujmedia.de vom 05.12.2010

Literaturquellen

Abdulezer L. / Abdulezer S. / Dammond H. (2007) Skype for Dummies, New York

Aldridge M. / Evitt J. / Donald L. / Chellis J. (2007) MCTS: Microsoft Windows Vista Client Configuration Study Guide: Exam 70-620, Indianapolis

Bauer H. H. / Hammerschmidt M. / Stokburger G. (2006) Marketing Performance (electronic Ressource): Messen, Analysieren, Optimieren, Berlin

Bischopinck Y. / Ceyp M. (2008) Suchmaschinen-Marketing: Konzepte, Umsetzung und Controlling für SEO und SEM, 2. Auflage, Heidelberg

Born G. (2010) Computer: Alles rund um den PC, München

Bösch F. (2010) Mediengeschichte: vom asiatischen Buchdruck zum Fernsehen, Band 10, Frankfurt am Main

Brandes U. / Erlebach T. (2005) Network Analysis: Methodological Foundations, Band 3418, Heidelberg

Burkart G. (2007) Handymania: wie das Mobiltelefon unser Leben verändert hat, Frankfurt am Main

Chen H. / Yang C. C. (2008) Intelligence and Security Informatics: Techniques and Applications, New York

Decker C. (2010) Visuelle Kulturen der USA: zur Geschichte von Malerei, Fotografie, Film, Fernsehen und Neuen Medien in Amerika, Bielefeld

Eigner M. / Gerhardt F. / Gilz T. / Nem F. M. (2010) Informationstechnologie für Ingenieure, Berlin

Frey H. (2006) ISDN und DSL selbst einrichten: leicht gemacht, Geld und Ärger gespart!, Band 6 von Franzis Do it yourself im Haus, Poing

Fricke K. (2007) Digitaltechnik, Heidelberg

Furth B. (2010) Handbook of Social Network Technologies and Applications, New York

Gautzsch S. (2010) Entwicklung Und Markteinführung Der Blue-Ray Disc: Die Blue-Ray Disc Als Home-Entertainment-Standard Und DVD-Nachfolger, Berlin

Geier E. (2008) Home Networking All-in-One Desk Reference For Dummies, New York

Hanes D. / Salgueiro G. (2008) Fax, Modem, and Text for IP Telephony, Indianapolis

Held G. (2008) Introduction to Light Emitting Diode Technology and Applications, Boca Raton

Huber F. / Meyer F. / Nachtigall C. (2009) Guerilla-Marketing als kreative Werbeform: eine empirische Analyse am Beispiel der Marke MINI, Band 44, Köln

Hughes J. (2010) iPhone and iPad Apps Marketing: Secrets to Selling Your iPhone and iPad Apps, London

Kent A. / Williams J. G. (1988) Encyclopedia of Microcomputers: Volume 2 - Authoring Systems for Interactive Video to Compiler Design, Boca Raton, Florida

Khurshudov A. (2001) The Essential Guide to Computer Data Storage: From Floppy to DVD, New Jersey

Klaus R. / Käser H. (1998) Grundlagen der Computertechnik, Zürich

Kolberg E. / Kolberg M. / Majetschak B. (2005) Windows XP Professional SP2 – Magnum, München

Kreutzer R. T. (2009) Praxisorientiertes Marketing: Grundlagen - Instrumente – Fallbeispiele, Wiesbaden

Larisch D. (2005) Netzwerktechnik, 2. Auflage, Landsberg

Levinson J. C. / Lautenslager A. (2009) Guerrilla Marketing in 30 Days, 2nd Edition, New York

Mann S. / Sbihli S. (2002) The Wireless Application Protocol (WAP): A Wiley Tech Brief, Band 12, Indianapolis

Meinel C. / Sack H. (2004) WWW, Heidelberg

Messmer H.-P. / Dembowski K. (2003) PC-Hardwarebuch: Aufbau, Funktionsweise, Programmierung ; ein Handbuch nicht nur für Profis, 7. Auflage, Hallbergmoos

Middelkamp J. (2001) Erkenntnisse zur Diffusion ausgewählter Netzeffektgüter und ihre Übertragung auf die DVD, Berlin

Mohr C. / Koch H. (1976) Europäische Normung im CEN und CENELEC, Berlin

Müller C. (2007) Analyse sozialer Netzwerke und Social Software - Grundlagen und Anwendungsbeispiele, Berlin

Niederkorn M. (2008) Markteintrittsstrategien in Europa: eine netzwerkanalytische Betrachtung von Exporten und Direktinvestitionen, Berlin

Nooy W. / Mrvar A. / Batagelj V. (2010) Exploratory Social Network Analysis with Pajek: Structural Analysis in the Social Science, New York

Parker J. (2000) Messengers, Morse Code and Modems, Austin

Penenberg A. (2010) Viral Loop: The Power of Pass-It-On, London

Precht M. / Meier N. / Tremel D. (2004) EDV-Grundwissen: eine Einführung in Theorie und Praxis der modernen EDV, Hallbergmoos

Pucher G. (2010) Kundenbindung durch Relationship Marketing-Instrumente, Band 3, Lohmar

Reiter K. (2008) Aspekte und Ausprägungen des viralen Marketing im Internet, Paderborn

Rock A. (2001) Multimedia: Definition, Anforderungen, Technik und Anwendung, Berlin

Roltsch L. (2010) Virales Marketing im Web 2.0, Berlin

Ronneburg F. (2008) Debian-GNU-Linux-4-Anwenderhandbuch: für Einsteiger, Umsteiger und Fortgeschrittene, München

Scherer A. G. / Kaufmann I. M. / Patzer M. (2009) Methoden in Der Betriebswirtschaftlehre, Wiesbaden

Schilliger R. (2010) Faszination Facebook: So fern und doch so nah: Psychosoziale Motivatoren für die aktive Partizipation bei Social Networking Sites, Hamburg

Scott J. (2005) Social Network Analysis: A Handbook, 4. Auflage, London

Sebag-Montefiore H. (2002) Enigma: The Battle for the Code, New York

Singh S. (2000) Geheime Botschaften: die Kunst der Verschlüsselung von der Antike bis in die Zeiten des Internet, München

Soltis F. G. (2001) Fortress Rochester: The Inside Story of the IBM I-Series, Loveland, Colorado

Tavangarian D. / Versick D. (2008) Basiswissen Rechnerstrukturen & Betriebssysteme, Witten

Thomases H. (2010) Twitter Marketing: An Hour a Day, New York

Tißler J. (2005) Internet optimal nutzen: So Wird Ihre Homepage Erfolgreicher, Band 1, Norderstedt

Tkacz E. / Kapczynski A. (2009) Internet - Technical Development and Applications: Technical Development and Applications, Heidelberg

Weyer J. (2010) Soziale Netzwerke: Konzepte und Methoden der sozialwissenschaftlichen Netzwerkforschung, München

Winkler P. (2005) PC-Lexikon 2005, München

Xiao Y. / Pan Y. (2009) Emerging Wireless LANs, Wireless PANs, and Wireless MANs: IEEE 802.11, IEEE 802.15, 802.16 Wireless Standard Family, Band 57, New York

Yeh P. / Gu C. (2010) Optics of Liquid Crystal Displays, Band 67, New Jersey

Zitt H. (2004) ISDN und DSL, Hallbergmoos

Magazine

Dittman-Ilgen, H. (2004) Naturwissenschaftliche Rundschau 57, 12, S. 653-660, 50 Jahre CERN - Ein Beitrag Europas für die Zukunft, Stuttgart

Stack R. (1982) PCMag, February-March 1982, Band 1, Nr. 1, S. 85-89, Three Communications Go-Together, New York

Internetquellen

http://efb-1.de/c_ppc51b.jpg
16.12.2010

http://lrs.ed.uiuc.edu/tse-portal/analysis/social-network-analysis/
25.02.2010

http://magicdisk.untergrund.net/md/MD8812/MD8812-BASTELWARE-
4.3.shematic2.png
17.12.2010

http://media.rendip.external.edgebooster.com/images/pagethumbnails/2050.jpg
18.12.2010

http://shotgunapproach.wordpress.com/2010/10/08/the-algorithm-for-facemashin-
the-social-network/
02.11.2010

http://t0.gstatic.com/images?q=tbn:ANd9GcSVuJJLcg1kXswu1KHo0gNBxZsQQ
SBexMrVRCwxCLqXb5GxVDDqhULsdYM
17.12.2010

http://t3n.de/news/wp-content/uploads/2011/12/iphone-cecile-400x600.png
14.12.2010

http://upload.wikimedia.org/wikipedia/commons/d/d1/Enigma_Verkehrshaus_Luz
ern_cropped.jpg
15.12.2010

http://www.64er-online.de/museum/
04.01.2011

http://www.att.com/gen/general?pid=11627
20.12.2010

http://www.bundesnetzagentur.de/SharedDocs/Downloads/DE/BNetzA/Presse/B
erichte/2011/Jahresbericht2010pdf.pdf?__blob=publicationFile
16.01.2011

http://www.deutsches-museum.de/ausstell/meister/e_enigma.htm
12.12.2010

http://www.digi.com/support/kbase/kbaseresultdetl?id=2037
09.12.2010

http://www.elektronik-kompendium.de/sites/kom/0304011.htm
14.12.2010

http://www.gujmedia.de/_components/userprofile/index.html
05.12.2010

http://www.heise.de/newsticker/meldung/Vor-20-Jahren-10-Minuten-die-
allenhelfen-Update-132575.html
25.05.2007

http://www.iks.hs-merseburg.de/~iksuser/telematik/TTY/images/lorenz_lo15.pdf
16.12.2010

http://www.inf.fu-berlin.de/lehre/SS01/hc/www/www2.html
19.12.2010

http://www.innovationsindikator.de/im-fokus/erfindergeist.html
14.12.2010

http://www.onlinekosten.de/news/artikel/25363/0/Breitband-Extender-bringen-
Internet-aufs-Land
09.05.2007

http://www.patent-de.com/20041111/DE202004012603U1.html
19.12.2010

http://www.stern.de/wirtschaft/boerse/analyse/trends-was-kommt-nach-
demabsturz-505649.html
24.03.2003

http://www.teltarif.de/dsl-rate-adaptive-mode-telekom/news/36142.html
17.10.2009

http://www.ulb.uni-muenster.de/hilfetexte/qr-code/index.html
04.01.2011

http://www.vodafone.de/dsl/adsl/
18.12.2010

http://www.w3.org/People/Berners-Lee/Longer.html
17.12.2010

http://www.welt.de/wirtschaft/webwelt/article1764302/Regierung-macht-sich-fuer-
Bauern-DSL-stark.html
06.03.2008

http://www.woerlein.com/
04.01.2011

Publikationen im Grin Verlag:

2008: Die globale Finanzkrise und ihre Folgen
Kapitalflucht und Steueroasen
Antagonismen der Obsoleszenz
SEPA für Unternehmen, Vereine und Privatpersonen
Social Network Analysis: Maße der Vernetzung